Das ist **MEINE GESCHICHTE.**

©The Life Graduate Publishing Group

Kein Teil dieses Buches darf ohne vorherige Zustimmung des Autors oder Herausgebers gescannt, reproduziert oder in gedruckter oder elektronischer Form verbreitet werden.

DAS AUTOR

Vorname

Unterschrift

Das ist meine Geschichte

"Jeder Vater kann lernen, ein noch besserer Vater zu werden, indem er sich die Zeit nimmt, darüber nachzudenken, was Vaterschaft für ihn bedeutet."
-Jack Baker-

Der Anfang.....

Voller Name bei der Geburt
_____

Geburtsdatum   /   /
_____

Zeit der Geburt   :
_____
Wochentag, an dem Sie geboren wurden?
_____

Länge bei der Geburt? _____

Gewicht bei der Geburt? _____

Geburtsort (einschließlich Stadt, Land)
_____

Hattest du Geschwister, als du geboren wurdest? Wenn ja, wie waren ihre Namen und ihr Alter?
_____
_____

Das ist meine Geschichte...

Fügen Sie hier weitere Hinweise oder Informationen hinzu...

Der Anfang.....

Bitte teilen Sie einige Informationen über Ihre Eltern?

_____
_____
_____
_____
_____

Was wurde dir über dich als Baby erzählt?

_____
_____
_____

Hattest du irgendwelche einzigartigen Eigenschaften oder humorvollen Dinge, die du als Baby getan hast?

_____
_____
_____

Das ist meine Geschichte...

Fügen Sie hier weitere Hinweise oder Informationen hinzu

Der Anfang.....

Was waren deine ersten Worte?
_____

Warst du als Baby bei guter Gesundheit?
_____
_____

Haben Sie andere Babyerinnerungen zu teilen?
_____
_____
_____
_____
_____
_____
_____

Das ist meine Geschichte...

"Von allen Titeln, für die ich das Privileg hatte, war 'Dad' immer der beste."
— Ken Norton —

Kindheitsjahre

Was war dein Lieblingsspielzeug, als du ein Kind warst?

_____

_____

Hattest du als Kind ein Haustier oder irgendwelche Haustiere?

_____

_____

Was war deine Lieblingssendung als Kind?

_____

_____

Gab es einen Moment, an den Sie sich erinnern, als Kind in große Schwierigkeiten geraten zu sein? Gab es eine Bestrafung?

_____

_____

_____

_____

Das ist meine Geschichte...

Fügen Sie hier weitere Hinweise oder Informationen hinzu

Kindheitsjahre

Was sind Ihre schönsten Erinnerungen zwischen 5 und 12 Jahren?

_____
_____
_____
_____
_____
_____
_____
_____
_____
_____
_____
_____

Das ist meine Geschichte...

Fügen Sie hier weitere Hinweise oder Informationen hinzu

Kindheitsjahre

Wo bist du als Kind aufgewachsen?
(Haus, Lage, Stadt usw.)

_____

_____

_____

_____

Wer war dein bester Freund oder deine besten Freunde als Kind?

_____

_____

Was war dein Lieblingstag der Woche und warum?

_____

_____

_____

_____

Das ist meine Geschichte...

"Es gibt keine Rolle im Leben, die wichtiger ist als die der Mutterschaft."
- Älterer M. Russell Ballard

Kindheitsjahre

Was war dein Lieblingsessen als Kind?

___

Welche Grundschule haben Sie besucht und wo war sie?

___

Beschreibe deinen denkwürdigsten Moment oder deine denkwürdigste Geschichte aus der Grundschule.

___

Das ist meine Geschichte...

Fügen Sie hier weitere Hinweise oder Informationen hinzu

Teenager-Jahre ..

Beschreibe deinen Kleidungsstil in deiner Jugend.

___
___
___

Wann und wo hast du fahren gelernt?

___
___

Was war dein erstes Fahrzeug und für wie viel hast du es gekauft? Erzählen Sie uns Ihre besondere Geschichte über das erste Auto!

___
___
___
___
___
___

Das ist meine Geschichte...

Fügen Sie hier weitere Hinweise oder Informationen hinzu

Teenager-Jahre ..

Auf welche High School bist du gegangen und wo war sie?

_____
_____
_____

Wer war dein Lieblingslehrer oder -trainer und warum?

_____
_____
_____

Was war dein Lieblingsfach in der Schule?

_____
_____

Hast du dich mit jemandem in der Schule verabredet?

_____
_____
_____

Das ist meine Geschichte...

"Es gibt keinen stärkeren Einfluss als den einer Mutter."
– Sara Josepha Hale

Teenager-Jahre ..

Welche Hobbys hatten Sie in Ihren Teenagerjahren?

_____

_____

Was ist Ihr denkwürdigster Moment in Ihrer Jugend?

_____

_____

_____

_____

Was hätten Sie in Ihrer Jugend mit dem Wissen, das Sie heute haben, anders gemacht?

_____

_____

_____

_____

Das ist meine Geschichte...

Fügen Sie hier weitere Hinweise oder Informationen hinzu

Teenager-Jahre ..

Hattest du eine enge Freundschaftsgruppe? Haben Sie mit einem von ihnen Kontakt gehalten?

_____
_____
_____
_____
_____

Hattest du Spitznamen in der Sekundarschule?

_____
_____

Welche 5 Wörter kommen mir in den Sinn, um deine Teenagerjahre zu beschreiben?

1. _____
2. _____
3. _____
4. _____
5. _____

Das ist meine Geschichte...

"Die Arme einer Mutter sind beruhigender als jede andere Person"
- Prinzessin Diana

Erinnerungen

In meiner Jugend war die Person, die ich außerhalb meiner Familie am meisten respektierte, ...

_____

_____

Als ich in meiner Jugend war, war die größte Nachricht, an die ich mich erinnere, ...

_____

_____

_____

Als ich aufwuchs, waren meine 3 Lieblingsfilme:

1. _____
2. _____
3. _____

Das ist meine Geschichte...

Fügen Sie hier weitere Hinweise oder Informationen hinzu

Erinnerungen

Als ich ein Kind war, war der erste Film, den ich ins Theater sah, ..

Als ich die Grundschule abschloss, war das Jahr ..

Als ich 8 Jahre alt war, wollte ich ...

Als ich 18 war, war meine Lieblingsmusik

Eine beliebte Aktivität in meiner Jugend am Wochenende war ..

Als ich jung war, liebte ich es zu reisen ....

Das ist meine Geschichte...

Familiengeschichte

Die Namen meiner Großeltern waren:

Oma: _____

Großvater: _____

Geburtsland:
Oma: _____

Großvater:: _____

Dies ist etwas, das nicht viele Menschen über unsere Familiengeschichte wissen ……

_____
_____
_____
_____

Zusätzliche Informationen zur Familiengeschichte:

_____
_____
_____

Das ist meine Geschic

Unsere FAMILIE BAUM

Großvater
Großvater

Oma
Oma

Mutter
Vater

Mich

Fügen Sie hier weitere Hinweise oder Informationen hinzu

Erziehung

Wie alt waren Sie, als Sie Eltern wurden?

_____

Erklären Sie, wie Sie sich emotional gefühlt haben, als Sie zum ersten Mal Eltern wurden?

_____
_____
_____
_____
_____

Wo befanden Sie sich (Stadt / Land), als Sie Ihr erstes Kind hatten?

_____
_____
_____

Das ist meine Geschichte...

Fügen Sie hier weitere Hinweise oder Informationen hinzu

Erziehung

Was war für Sie als Eltern die größte Herausforderung?
_____
_____
_____
_____

Welche Aufgaben halten Sie als Eltern für wichtig?
Liste 3.

1 _____
_____

2 _____
_____

3 _____
_____

Das ist meine Geschichte...

"Das Glück einer Mutter ist wie ein Leuchtfeuer, das die Zukunft beleuchtet, aber auch die Vergangenheit in Form von schönen Erinnerungen reflektiert."

- Honore de Balzac

Erziehung

Haben Sie andere Elternerinnerungen, die Sie vielleicht teilen möchten?

Das ist meine Geschichte...

"Die Liebe einer Mutter ist schöner als jede frische Blume."

- Mridha entwerten

Mehr über mich!

Nicht viele Leute wissen das über mich, also lassen Sie mich es mit Ihnen teilen:

_____
_____
_____
_____
_____
_____
_____

Die Aktivität oder das Hobby, die ich jetzt am liebsten mache, ist .....

_____
_____

Ich habe die einzigartige Fähigkeit, ...

_____
_____
_____

Das ist meine Geschichte...

Fügen Sie hier weitere Hinweise oder Informationen hinzu

Mehr über mich!

Wenn ich in eine besondere Zeit in der Geschichte zurückkehren könnte, wäre es ...

_____

_____

_____

Wenn ich einen Rat an andere weitergeben könnte, wäre es ..

_____

_____

_____

Es gibt besondere Momente im Leben, die Sie gerne länger genießen möchten. Meins wäre ......

_____

_____

_____

_____

_____

Das ist meine Geschichte...

"Die Liebe einer Mutter ist alles. Es ist das, was ein Kind auf diese Welt bringt. Es ist das, was ihr gesamtes Wesen prägt. Die Liebe einer Mutter ist die stärkste Energie, die dem Menschen bekannt ist."

– Jamie McGuire

Mehr über mich!

Ich wünschte ich hätte die Gelegenheit ...

_____

_____

_____

Das Zitat, das mich am meisten anspricht, ist ..

_____

_____

_____

Mein Lieblingsbuch aller Zeiten ist:

_____

Wenn die Leute in 10 Jahren an mich denken, möchte ich, dass sie sich an mich erinnern.......

_____

_____

_____

Das ist meine Geschichte...

Fügen Sie hier weitere Hinweise oder Informationen hinzu

Mehr über mich!

Wenn ich auf mein bisheriges Leben zurückblicke, sind meine drei stolzesten Momente:

1 _____

2 _____

3 _____

Wenn es 3 berühmte Leute gäbe, die ich zum Abendessen einladen könnte, wären sie:

1 _____

2 _____

3 _____

Das ist meine Geschichte...

Fügen Sie hier weitere Hinweise oder Informationen hinzu

Mehr über mich!

Ich hatte seit meiner Jugend folgende Jobs:

_____

_____

_____

_____

_____

_____

_____

_____

_____

_____

Das ist meine Geschichte...

Fügen Sie hier weitere Hinweise oder Informationen hinzu

Mehr über mich!

Wenn jemand seine berufliche Laufbahn beginnen wollte, würde ich ihm sagen, dass er ...

_____
_____

Der interessanteste Ort, an den ich je gereist bin, war ... (einschließlich des Jahres / Datums, an dem dies geschah)

_____
_____
_____

Wenn ich einen kostenlosen Rückflug nach irgendwo auf der Welt bekommen würde, würde ich ... besuchen (einschließlich Ihres 'Warum')

_____
_____
_____
_____

Das ist meine Geschichte...

Schlußbemerkungen

Es gab viele Fragen, die ich in diesem Buch beantwortet habe, aber ich möchte dies auch mit Ihnen teilen ...

Ihre Zeit, um etwas anderes zu schreiben, das Sie teilen möchten

---

Schlußbemerkungen

"Wenn du deine Mutter ansiehst, siehst du die reinste Liebe, die du jemals kennen wirst."

- Mitch Albom

Erinnerungen

Fotos und Momente Seite

Das ist meine Geschichte...

Erinnerungen

Fotos und Momente Seite

Das ist meine Geschic

Erinnerungen

Fotos und Momente Seite

Das ist meine Geschichte...

Erinnerungen

Fotos und Momente Seite

Das ist meine Geschichte

Das ist meine Geschichte

www.ingramcontent.com/pod-product-compliance
Lightning Source LLC
LaVergne TN
LVHW081609121025
823314LV00061B/3404